Peggy Werner

Vom Symbol zum Konzept: Tagging vs. Semantische Netze

GRIN Verlag

Bibliografische Information der Deutschen Nationalbibliothek:

Die Deutsche Bibliothek verzeichnet diese Publikation in der Deutschen National-
bibliografie; detaillierte bibliografische Daten sind im Internet über http://dnb.d-
nb.de/ abrufbar.

Impressum:

Copyright © 2010 GRIN Verlag GmbH
Druck und Bindung: Books on Demand GmbH, Norderstedt Germany
ISBN: 978-3-656-17328-1

Dieses Buch bei GRIN:

http://www.grin.com/de/e-book/192374/vom-symbol-zum-konzept-tagging-vs-
semantische-netze

GRIN - Your knowledge has value

Der GRIN Verlag publiziert seit 1998 wissenschaftliche Arbeiten von Studenten, Hochschullehrern und anderen Akademikern als eBook und gedrucktes Buch. Die Verlagswebsite www.grin.com ist die ideale Plattform zur Veröffentlichung von Hausarbeiten, Abschlussarbeiten, wissenschaftlichen Aufsätzen, Dissertationen und Fachbüchern.

Besuchen Sie uns im Internet:

http://www.grin.com/

http://www.facebook.com/grincom

http://www.twitter.com/grin_com

FACH: UNTERNEHMENSKOMMUNIKATION

VOM SYMBOL ZUM KONZEPT:

TAGGING VS. SEMANTISCHE NETZE

LEHRSTUHL FÜR WIRTSCHAFTSINFORMATIK,
INSBES. INFORMATIONSMANAGEMENT
FAKULTÄT WIRTSCHAFTSWISSENSCHAFTEN
TECHNISCHE UNIVERSITÄT DRESDEN

EINGEREICHT AM: **12. MÄRZ 2010**

EINGEREICHT VON: **PEGGY WERNER**

VOM SYMBOL ZUM KONZEPT: TAGGING VS. SEMANTISCHE NETZE

PEGGY WERNER

1. Schlüsselworte

Wissensorganisation, Entscheidungsmodell, Klassifikation, Social Tagging, semantische Netze, Entscheidungsunterstützung, Metadaten, Ontologien

2. Zusammenfassung

Mit der Verwendung von Metatdaten können verschiedenste Ressourcen inhaltlich erschlossen werden. Diese Vorgehensweise kann u. a. die interne und externe Unternehmenskommunikation unterstützen. Dafür existieren zwei konträre Ansätze: Social Tagging als offener und die Modellierung eines semantischen Netzes als geschlossener Klassifikationsansatz. Bei einer Entscheidung darüber, welches Konzept unter welchen Voraussetzungen, Anforderungen und Zielstellungen ein Unternehmen einsetzen sollte, müssen diverse Aspekte beachtet werden. Aus diesem Grund wurde in der vorliegenden Arbeit ein entscheidungsunterstützendes Modell entwickelt, welches verschiedene Kriterien beinhaltet, die eine Entscheidung für oder gegen die Verwendung von Social Tagging bzw. eines semantischen Netzes fördern. Das generalisierte Modell kann noch nicht als alleiniges Entscheidungsinstrument benutzt werden, sondern ist in seiner jetzigen Form vielmehr als ein unterstützendes Instrument zu betrachten, welches dem Anwender entscheidungsrelevante Anhaltspunkte bietet.

INHALT

ABBILDUNGEN

TABELLEN

1 EINLEITUNG

1.1 THEMENGRUNDLAGE

Seitdem bekannt ist, dass die Reputation eines Unternehmens maßgeblich seinen Börsenwert mitbestimmt (FAZ, 2002, S. 21), ist es für ein Unternehmen notwendig geworden, seine wichtigsten Interessengruppen aktiv mit für sie relevanten Informationen zu versorgen, eben mit dem Ziel, den Unternehmenswert zu erhalten oder zu verbessern. Aus diesem Grund werden nicht mehr ausschließlich traditionelle Management-Informationssysteme, sondern zunehmend auch Stakeholder-Informationssysteme auf der Führungsebene eines Unternehmens eingesetzt (Mertens, 2003, S. 57 f.). Um den hohen Ansprüchen der Stakeholder-Kommunikation auf verschiedensten Medien (z.b. gedruckt vs. online) und zu unterschiedlichsten Zwecken (z.b. interne vs. externe Unternehmenskommunikation) gerecht zu werden, lassen sich erfolgreich Content-Management-Systeme einsetzen. Diese basieren auf dem Grundprinzip der strikten Trennung von Inhalten, Struktur und Layout, sodass zielgruppen- und medienspezifisch publiziert werden kann, jeweils mit verschiedenen Verwendungszwecken. Um eine medienneutrale Datenspeicherung zu ermöglichen, werden separate Strukturdefinitionen festgelegt, welche auf der Grundlage von Metadaten die Inhalte beschreiben (Schoop, 2008, S. 33). Solche „Daten über Daten" müssen jedoch nicht ausschließlich der Strukturdefinition dienen. Sie können auch in der Wissensrepräsentation eingesetzt werden und ermöglichen so die Inhaltserschließung von Ressourcen (Peters & Stock, 2008, S. 78). Zu diesem Zwecke können generell zwei grundverschiedene Ansätze verfolgt werden: Social Tagging als offener oder die Modellierung von semantischen Netzen als geschlossener Klassifikationsansatz.

1.2 PROBLEM- UND ZIELSTELLUNG DER ARBEIT

Beide Ansätze könne in einem Unternehmen im Rahmen der internen und externen Unternehmenskommunikation Anwendung finden. Bisher blieb jedoch eine ganzheitliche Betrachtung der Frage, unter welchen Bedingungen ein potentieller Anwender den einen oder anderen Ansatz verfolgen sollte, offen. Aus diesem Grund wird mit der vorliegenden Arbeit das Ziel verfolgt, ein Entscheidungsmodell zu generieren, anhand welchem sich ein Interessent der semantischen Informationsauszeichnung orientieren kann. Die aufgestellten Regeln sollen eine Entscheidung über die Verwendung des Social Tagging Ansatzes oder der Modellierung eines semantischen Netzes bezüglich Anwendungsszenarien im Kontext der Unternehmenskommunikation unterstützen und erleichtern.

1.3 EINORDNUNG IN DAS FACHGEBIET

Im Bereich des Informations- und Wissensmanagements lässt sich das betrachtete Thema als weiterführende, auf Grundlagenforschung aufbauende Arbeit zur semantischen Informationsmodellierung einordnen. In der Arbeit wird dies mit dem Themengebiet der Unternehmenskommunikation verknüpft. Es wird zudem auf Theorien der Semiotik zurückgegriffen.

1.4 FORSCHUNGSFRAGE

Die Arbeit widmet sich den Fragestellungen, unter welchen Voraussetzungen es vorteilhafter ist Social Tagging bzw. semantische Netze zur Informationsrepräsentation zu benutzen. Desweiteren beschäftigt sie sich mit der Frage, welche Anforderungen seitens eines Unternehmens beide Konzepte jeweils erfüllen können und welche Entscheidungsregeln darauf basierend definiert werden können, um den Entscheidungsprozess für das eine oder andere Konzept zu unterstützen.

1.5 FORSCHUNGSDESIGN UND -METHODE

Das Problem lässt sich aufgrund der Eingrenzung auf den Bereich der Unternehmenskommunikation als kollektiv einstufen. Das Erkenntnisinteresse kann aufgrund des Forschungsziels mit der Theoriebildung benannt werden. Um die Forschungsfrage zu beantworten, wird eine induktive Herangehensweise gewählt. Mit der Entwicklung eines Entscheidungsrahmens wird ein qualitatives Gestaltungsziel verfolgt.

Den Ausgangspunkt zur Definition von Regeln zur Entscheidungsunterstützung zur Auswahl einer der beiden Ansätze stellt zunächst das Studium von Sekundärliteratur dar. Unter Einbezug von definierten Szenarien in der internen und externen Unternehmenskommunikation werden Entscheidungsregeln für die Verwendung von Social Tagging oder semantischen Netzen abgeleitet und so ein einheitlicher Bezugsrahmen geschaffen.

1.6 AUFBAU DER ARBEIT

Die Grundlage zur Betrachtung des Themengebietes dieser Arbeit legt Kapitel 2, indem es begriffliche und theoretische Basis schafft und Zusammenhänge erklärt. In Kapitel 3 werden die betrachteten Anwendungsfälle von Social Tagging und semantischen Netzen in der externen und internen Unternehmenskommunikation vorgestellt. Anhand dieser Szenarien werden in Kapitel 4 zunächst grundlegende Betrachtungseinheiten herausgestellt, welche in einem nächsten Abstraktionsschritt zu einzelnen Regeln in einem Entscheidungsmodell generalisiert werden. Nach einer kritischen Betrachtung des Modells schließt Kapitel 5 die Arbeit zusammenfassend mit der Vorstellung weiterführender Forschungsmöglichkeiten ab.

2 GRUNDLAGEN

Im folgenden Kapitel wird eine theoretische und begriffliche Basis geschaffen, auf welcher die weiteren Ausführungen dieser Arbeit aufbauen.

2.1 DAS SEMIOTISCHE DREIECK

Das semiotische Dreieck ist ein aus der Sprachwissenschaft und Semiotik stammendes und verwendetes Modell. Es bildet die in Abbildung 2.1 (in Anlehnung an die Abbildung von Piefel et al.) dargestellten Zusammenhänge zwischen Symbolen, Konzepten und Objekten ab.

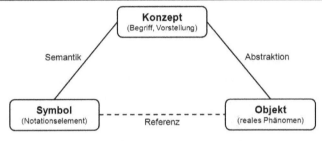

ABBILDUNG 2.1: SEMIOTISCHES DREIECK

Inhaltlich lässt sich der Zusammenhang als nur indirekte Möglichkeit des Referenzierens eines realen Objektes durch ein Symbol (Zeichenträger) über den Umweg eines Konzeptes (auch als Erwartung oder Referenz bezeichnet) erfassen. Gemeint ist damit, dass sich der Empfänger eines Symboles eine Vorstellung von dem dadurch bezeichneten Gegenstand macht, welcher idealerweise mit dem vom Sender gemeinten, bezeichneten Objekt übereinstimmen sollte, aber nicht automatisch muss und wird. Aus diesem Grund können für ein Symbol mehrere Konzepte bestehen (Stuckenschmidt, 2009, S. 7 f.).

Auf der Konzeptebene erhält ein Symbol seine Bedeutung, weshalb der Zusammenhang zwischen beiden Eckpunkten im semiotischen Dreieck auch mit Semantik betitelt ist. Zur formalen Abbildung von Begriffen und Konzepten, bzw. auch und insbesondere von deren Zusammenhängen untereinander, können beide, beleuchtete Ansätze dienen: Tagging und semantische Netze.

2.2   DEFINITIONEN

Wie voranstehend beschrieben, ist es möglich, dass verschiedene Konzepte für dasselbe Symbol existieren. Um dieses Problem auszuschließen, soll ein einheitliches Verständnis der Begriffe *Social Tagging* und *Semantisches Netz* garantiert werden. Im Folgenden werden aus diesem Grund die beiden Begriffe definiert.

2.2.1   SOCIAL TAGGING

Social Tagging beschreibt den Prozess der gemeinschaftlichen Indexierung von Ressourcen (z. B. Lesezeichen, Dokumente, Fotos) durch eine Vielzahl von Benutzern gemeinsamer Inhalte in Form der freien Schlagwortvergabe (Golder & Huberman, 2006, S. 1, Gaiser & Panke, 2008, S. 23). Diese Schlagworte werden als Tags und die Gesamtheit aller erzeugten Schlagworte als Folksonomie bezeichnet (Gaiser & Panke, 2008, S. 23). Das Entwicklungsvorgehen verfolgt also den bottom-up Ansatz (Gaiser & Panke, 2008, S. 25).

Semantischen Beziehungen zwischen Inhalten einer Folksonomie werden nicht explizit angegeben. Zusammenhänge ergeben sich stattdessen implizit, z.B. über gemeinsame Ressourcenbeziehungen unterschiedlicher Tags. Pro Ressource können mehrere Tags vergeben werden, sodass auch Tags gegenseitig miteinander verknüpft werden. Abhängig davon wie häufig zwei Tags gemeinsam auftreten, ergeben sich unterschiedlich starke semantische Relationen zwischen ihnen (Held & Cress, 2008, S. 38).

Es sind verschiedene Probleme bekannt, welchen beim Einsatz von Social Tagging Beachtung finden sollten. Dazu zählen beispielsweise die Schreibweise (Einzahl vs. Mehrzahl, Schreibfehler), Mehrsprachigkeit in der Domäne, Homonyme, Synonyme oder unterschiedliche Abstraktionsebenen (Braun, Schmidt, Walter & Zacharias, 2008, S. 164 f.). GUY & TONKIN stellen zur Vermeidung solcher Problematiken verschiedene Lösungsansätze vor, um damit die Qualität von Social Tagging Lösungen zu verbessern. Beispielhaft sei dazu die Verwendung der Mehrzahl oder das Hinzufügen von Synonymen genannt (Guy & Tonkin, 2010).

2.2.2   SEMANTISCHES NETZ

Die Verwendung des Begriffes Semantisches Netz beschränkt sich in dieser Arbeit nicht ausschließlich auf sein ursprüngliches Konzept, nämlich dem Verständnis als Graph, welcher Begriffe und ihre Beziehungen zueinander darstellt (Stuckenschmidt, 2009, S. 28). Stattdessen reicht das Begriffsverständnis darüber hinaus und wird durch eine Begriffsfamilie ersetzt, sodass semantische Netze für die vorliegende Arbeit wie folgt definiert werden:

Ein semantisches Netz ist ein top-down experten-modelliertes Verstehenskonzept über eine Begriffsdomäne. Es wird in Form eines Thesaurus, einer Taxonomie oder Ontologie oder eines anderen, benutzbaren Graphen zur Repräsentation von Wissensstrukturen dargestellt. Auf diese Weise bildet es eine Menge von Symbolen und deren Relationen formal ab.

Mit welchem Modell das Begriffsnetz abgebildet wird, ist für das Verständnis unwesentlich. Für eine Unterscheidung der in obiger Definition genannten Möglichkeiten sei der Leser beispielsweise auf die Ausführungen zu Ontologie-Modellen der KNOWLEDGE-GARDEN GMBH verwiesen. Im Gegensatz zum Social Tagging werden Bedeutungszusammenhänge zwischen Begriffen explizit modelliert, sodass ein Begriffsnetz eine klare Struktur erhält. Dem Endanwender ist es nicht möglich das im Voraus von Domänenexperten und Wissensingenieuren entwickelte Netz um eigenes Domänenwissen zu ergänzen (Braun et al., 2008, S. 163).

2.3 ZUSAMMENHÄNGE: SEMIOTISCHES DREIECK, META-DATEN, BEGRIFFSNETZE

Wie steht nun das semiotische Dreieck in Verbindung mit den oben definierten Konzepten zur Wissensrepräsentation? Der Zusammenhang lässt sich mithilfe des Begriffes *Metadaten* herstellen. Metadaten sind Informationen über Informationen. Es sind meist höchststrukturierte Daten über Dokumente, Bücher, Artikel, Bilder oder andere Elemente (Mathes, 2004).

Auf einer übergeordneten Abstraktionsebene werden Inhalte der Symbolebene mithilfe von Metadaten ausgezeichnet und beschrieben, sodass auf dieser Basis Zusammenhänge zwischen diesen Inhalten explizit als auch implizit verdeutlicht werden können, auch solche, die im Vorfeld unbekannt sind. Abbildung 2.2 veranschaulicht die Schnittmenge des semiotischen Dreiecks und den vorgestellten Konzepten zur Wissensrepräsentation anhand des Beispiels Unternehmenskommunikation.

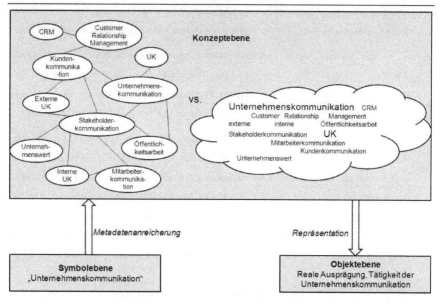

ABBILDUNG 2.2: UNTERSTÜTZUNG DER VERSTÄNDNIS(AB)BILDUNG AUF DER KONZEPTEBENE

Durch die Auszeichnung von Inhalten der Unternehmenskommunikation mit Metadaten wird es auf der Konzeptebene ermöglicht, die Verstehenskonzepte abzubilden und in Beziehung zu setzen. Dazu lassen sich semantische Netze als auch Social Tagging (in Abb. 2.2 wird das Ergebnis des Taggings als Tag Cloud präsentiert) nutzen, mit welchen die realen Tätigkeiten der Unternehmenskommunikation formalisiert werden. Auf den in diesem Kapitel entwickelten Grundlagen basierend, soll im Folgenden die Frage, welche Variante unter welchen Voraussetzungen besser geeignet ist, beantwortet werden.

3 BETRACHTETE ANWENDUNGSSZENARIEN

Um Entscheidungsregeln aus Anwendungsszenarien abzuleiten, sollen zunächst die im Rahmen der Unternehmenskommunikation gewählten Betrachtungsfälle vorgestellt werden.

3.1 SEMANTISCHE ANREICHERUNG VON KUNDEN-FEEDBACK

Einordnung

Das zweite Anwendungsszenario lässt sich in die externe Stakeholderkommunikation eines Unternehmens einordnen. In diesem Fall werden die Kunden und ihr Feedbackmitteilungen an das Unternehmen betrachtet. Diese sollen mit Hilfe von Metadaten um eine semantische Komponente angereichert werden.

Ziel

Indem einzelne Feedback vom Kunden zugleich mit Tags versehen werden, können sie bestimmten Kategorien zugeordnet werden, was ihre Be- und Verarbeitung erleichterten. Indem die Kunden selbst festlegen mit welchen Schlagworten sie ihre Nachricht versehen wollen, wird für das Unternehmen neues, nutzbares Wissen generiert. Ziel soll es sein, relevante Problemstellen und deren möglichen Zusammenhänge mit anderen Bereichen schnell über häufig vergebene Tags zu erkennen, sodass eine aktive Themenanalyse ermöglicht wird (vgl. Schillerwein, 2008, S.150). Bereiche positiven Feedbacks kann das Unternehmen ausbauen, indem bspw. verwandte Gebiete, welche über Tagging ausgezeichnet wurden, aufgegriffen, integriert und verbessert werden.

Funktionsumfang

Der Funktionsumfang des hier betrachteten Feedbacksystems kann wie folgt beschrieben werden:

- Das Feedbacksystem auf der Internetpräsenz des Unternehmens integriert und barrierefrei zugänglich.
- Dem Benutzer ist es über die Eingabe in ein Textfeld ermöglicht, dem Unternehmen den inhaltlichen Teil seines Feedbacks mitzuteilen.
- Zusätzlich zu den konkreten Inhalten wird der Benutzer aufgefordert die Mitteilung in einem separaten Feld mit Tags zu versehen.
- Ein kleines Hilfesymbol ermöglicht die Erklärung der Taggingfunktion.

Dem Benutzer werden die häufigsten Schlagworte in einer Tag Cloud visualisiert.

Sollten Rechtschreibfehler in der Eingabe passieren, macht das System Vorschläge zur Verbesserung.

Die Anwendung könnte beispielsweise noch um vordefinierte Fragebögen zur Kundenzufriedenheit oder andere Applikationen ergänzt werden. Auch die Ausweitung des Ansatzes auf andere externe Stakeholder ist denkbar. Um das Beispiel prägnant und überschaubar zu halten, werden solche Möglichkeiten an dieser Stelle jedoch nicht in die Betrachtung einbezogen.

Umsetzung

Die Anwendung basiert auf dem Ansatz der freien Schlagwortvergabe durch die Nutzenden, wie in Kapitel 2.2.1 definiert.

3.2 EXPERTENAUSZEICHNUNG IM UNTERNEHMENS-INTERNEN MITARBEITERNETZWERK

Einordnung

Als beispielhafte Anwendung für vordefinierte, modellierte Wissensnetze soll ihre Verwendung in einem unternehmenseigenen Mitarbeiternetzwerk angenommen werden. Das Szenario lässt sich in den Rahmen der internen Unternehmenskommunikation, insbesondere als Basis zur Kommunikation zwischen Mitarbeitern, einordnen.

Ziel

Die im Netzwerk vertretenen Mitarbeiter sollen sich als Experten für bestimmte Themen und Aufgaben auszeichnen lassen können. Auf diese Weise soll es einem Mitarbeiter des Unternehmens schnell und einfach ermöglicht werden, die richtigen Ansprechpartner zu bestimmten Fragestellungen oder Aufgaben- und Themengebieten zu finden, sodass z.B. Kommunikationswege oder Recherchearbeitszeiten verkürzt werden können. Die Vorteilhaftigkeit dieses Ansatzes können insbesondere Unternehmen mit mehreren, verteilten Standorten nutzen, um trotzdem ein ganzheitliches Mitarbeiternetzwerk zu schaffen.

Funktionsumfang

Der Funktionsumfang des hier betrachteten Anwendungsprogramms sei wie folgt beschrieben:

Jeder Mitarbeiter besitzt und verwaltet seine persönliche Profilseite im Mitarbeiternetzwerk der Unternehmung. In erster Linie soll das Profil seine Position und Arbeit im Unternehmen darstellen. Es können jedoch auch persönliche Interessen und Kenntnisse abgebildet werden.

Um seine Fähigkeiten, Arbeitsposition, Kenntnisse und Themeninteressen einzuordnen und anderen Mitarbeitern zugänglich zu machen, wird es jedem Profilinhaber ermöglicht, sich mit für und auf ihn passenden Begriffe aus einer, auf den Unternehmenskontext zugeschnittenen, Auswahlliste auszuzeichnen.

Das System ermöglicht die gezielte Suche nach Mitarbeitern über die Schlagworte der vordefinierten Auswahlliste.

Im Profil eines jeden Mitarbeiters werden zufällig ausgewählte, andere Mitarbeiter des Unternehmens benannt, welche sich mit denselben Begriffen wie der Profilinhaber einordnen.

Ein Mitarbeiternetzwerk kann selbstverständlich noch viele andere Funktionen (z.b. Instant Messaging) umfassen, auf welche in diesem Szenario jedoch nicht eingegangen wurde, um das Beispiel für seine Verwendung in dieser Arbeit prägnant und übersichtlich zu halten.

Umsetzung

Hinter dem Begriffsauszeichnungssystem liegt ein vordefiniertes, semantisches Netz. Es beinhaltet alle, von einem Expertenteam erdachten Schlagworte, welche die Benutzer in der Anwendung wählen können. Die Schlagworte kommen zumeist aus dem Unternehmenskontext. Es können beispielsweise Begriffe sein, die Unternehmenspositionen, Tätigkeitsbereiche oder sonstige unternehmensrelevanten Themen beschreiben.

Das Modellierungsteam muss neben der Definition der einzelnen Begriffe auch die semantischen Beziehungen zwischen ihnen abbilden. Über die Zusammenhänger zwischen Knotenpunkten des Netzes ist es möglich, dass dem Benutzer auch implizite Zusammenhänge zu seinen Suchanfragen aufgezeigt werden können.

4 ENTWICKLUNG EINES ENTSCHEIDUNGS-UNTERSTÜTZENDEN MODELLS

Auf der Grundlage der vorgestellten Anwendungsszenarien von Social Tagging und semantischen Netzen werden im nächsten Schritt Regeln abstrahiert, welche ein Anwender bei der Entscheidung über die Verwendung eines der beiden Ansätze zur Lösung eines bestimmten Anwendungsproblems unterstützend einbeziehen kann. Für die Darstellung der Ergebnisse wurde eine leicht verständliche und übersichtliche, tabellarische Form gewählt, welche die Anwendung erleichtern soll.

4.1 GRUNDLEGENDER BETRACHTUNGSEINHEITEN ZUR VERWENDUNG BEIDER ANSÄTZE

Die in Kapitel 3 beschriebenen Szenarien zur Anwendung von Social Tagging zur Unterstützung der externen Unternehmenskommunikation und eines semantischen Netzes zur intern Kommunikationsunterstützung lassen sich mit den in Tabelle 4.1 gelisteten Kriterienausprägungen zusammenfassend und gegenüberstellen beschreiben. Auf der Grundlage der Kriterien, welche für die beiden Anwendungsbeispiele abstrahiert worden und für die Anwendung von Social Tagging oder semantischen Netzen von Bedeutung sind, können in einem nächsten Schritt entscheidungsunterstützende Regeln formuliert werden, welche die Verwendung eines Konzeptes begründen.

Betrachtungseinheit	Social Tagging	Semantische Netze
Zielstellung	Freie, kreative Begriffs- und damit Wissensgenerierung	Schnelle Such- und Navigationsmöglichkeit, internes Vernetzen des Unternehmens
Themengebiet	Wenig eingeschränkt, im Rahmen des Kundenfeedbacks	Klar strukturierte, definierbare Domäne (vgl. Panke & Gaiser, 2008, S. 25), Rahmen bildet interne Unternehmensstruktur und Leistungsangebot
Begriffsdomäne	Uneingeschränkt, freie Wahl durch Benutzer, unkontrolliertes Vokabular (vgl. Derntl, Hampel, Motschnig & Pitner, 2008, S. 58)	Eingeschränkt, kontrolliertes Vokabular
Entwickler	Benutzer selbst (vgl. Derntl et al., 2008, S. 57)	Domänenexperten und Wissensingenieure (vgl. Braun et al., 2008, S. 163)
Benutzer	Inhomogene Anwenderprofile mit unterschiedlichsten Hintergründen (Kunden)	Anwenderprofile mit ähnlichem Domänenverständnis und homogenem Begriffsverständnis (Mitarbeiter)
Benutzergruppengröße	Tendenziell eher sehr große Gruppe, nicht exakt bestimmbar	Tendenziell eher kleinere bzw. definierbare Gruppe (Mitarbeiter)
Benutzungsvoraussetzungen	Keine, höchstens im Umgang mit des Softwaredienstes (vgl. Derntl et al., 2008, S. 58)	Domänenverständnis nötig (vgl. Derntl et al., 2008, S. 57)
Zeit- und Arbeitsaufwand der Entwicklung	Gering	Hoch
Pflegeaufwand	Teil der Erzeugung/ Verwendung des Social Taggings (vgl. Derntl et al., 2008, S. 58)	Hoch (vgl. Derntl et al., 2008, S. 58)

TABELLE 4.1: AUSPRÄGUNGEN VERWENDUNGSRELEVANTER BETRACHTUNGSEINHEITEN VON SOCIAL TAGGING UND SEMANTISCHEN NETZEN

4.2 GENERALISIERTES ENTSCHEIDUNGSMODELL

Die in Tabelle 4.1 gelisteten Betrachtungseinheiten der beiden Fälle, können in einem weiteren Schritt zu Entscheidungskriterien generalisiert werden. Zunächst soll das Verwendungspotential des Social Taggings und semantischer Netze gemeinsam in einer Entscheidungstabelle dargestellt werden. Zu den betrachteten Kriterien zählen die Zielstellung der Anwendung, die zu betrachtende Domäne (begrifflich und thematisch), der Entwicklungsprozess und die Benutzung bzw. die Benutzer, da diese für eine Entscheidung für oder gegen einen der beiden Ansätze von größerer Bedeutung sind. Abbildung 4.1 stellt die abstrahierten Entscheidungsgrundlagen und die dazugehörigen Potentiale des Social Taggings und semantischer Netze dar, sodass auf dieser Ebene auch ein direkter Vergleich im Entscheidungsprozess ermöglicht wird.

Anford./Vorauss. \ Ansatz	Zielstellung		Domäne			Entwicklung/Pflege			Benutzung/Nutzer		
	Strukturierung der Arbeitsumgebung	Freie, kreative Wissensgenerierung	Begrifflich, thematisch unstrukturiert	Unbegrenztes Vokabular	Schnelllebig	Zentral steuerbar, kontrollierbar	Geringer Ressourcenaufwand	Geringer Pflegeaufwand	Einfachheit (keine Vorkenntnisse)	Kleinere, abgeschlossene Benutzergruppe	Inhomogenes Domänenverständnis
Social Tagging	◧	■	■	■	■	□	■	■	■	◧	■
Semantische Netze	■	□	□	□	□	■	□	□	◧	■	◧

Legende: ■ besonders geeignet ◧ bedingt geeignet □ ungeeignet

ABBILDUNG 4.1: ENTSCHEIDUNGSMODELL ZUM EINSATZ VON SOCIAL TAGGING UND SEMANTISCHEN NETZEN

Die tabellarische Darstellung liest sich beispielhaft wie folgt: Unter den Voraussetzungen, dass ein Unternehmen nur wenige Ressourcen (z. B. Zeit, Personal) in die Entwicklung und die Pflege des Systems stecken will oder kann und zudem die Gestaltungskraft dezentral an die Benutzer abgeben möchte (drei Kriterien der übergeordneten Kategorie Entwicklung/Pflege), so kann Social Tagging als geeignete Anwendung in Betracht gezogen werden.

Die Entscheidung darüber, welcher Ansatz benutzt werden sollte, kann zum Beispiel durch das einfache Auszählen der Häufigkeiten des Auftretens der einzelnen Kriterien erfolgen. Zudem könnten die Kriterien unternehmens- und anwendungsindividuell nach ihrer Wichtigkeit eingestuft und die Entscheidung auf dieser Basis getroffen werden. Jedoch sollte das Modell stets nur als entscheidungsunterstützende Hilfe betrachtet werden. Die individuelle Situation einer Organisation und weitere, individuelle Anforderungen und/ oder Voraussetzungen müssen stets Beachtung finden.

4.3   KRITISCHE BETRACHTUNG DES MODELLS

Das entwickelte Modell basiert auf generalisierten Entscheidungskriterien, weshalb es nur eine Unterstützung im Entscheidungsprozess darstellen kann. Durch das induktive Vorgehen kann kein Anspruch auf Vollständigkeit erhoben werden. Es könnte um spezifischere Kriterien erweitert werden. Eine deduktive Erschließung von weiteren Entscheidungskriterien auf Basis einer Sekundärliteraturanalyse würde das Modell wahrscheinlich gewinnbringend ergänzen können. Besonders das übergeordnete Kriterium der Zielstellung könnte um weitere Anforderungen bereichert werden. Weiterhin ist es fraglich, ob die auf Grundlage der Unternehmenskommunikation abstrahierten Kriterien auch auf andere Anwendungsgebiete übertragen werden können. Dies könnte durch die Ergebnisse, welche die gleiche methodische Vorgehensweise in einem, sich von der Unternehmenskommunikation unterscheidenden, Bereich ergibt, geprüft werden.

Desweiteren erscheint es sinnvoll, das Modell um den Ansatz der Kombination beider Varianten zu vervollständigen. Diese Kombinationsmöglichkeit erlaubt weiterhin eine Klassifikation von Ressourcen mit frei wählbaren Tags, welche in einem weiterführenden Prozess in ein kontrolliertes Vokabular übernommen werden (Güntner, Sint &Westenthaler, 2008, S. 192). Auf diese Weise können die Vorteile von Social Tagging und semantischen Netzen gleichzeitig ausgenutzt werden.

5 FAZIT

Social Tagging und semantische Netze bilden zwei sehr konträre Ansätze zur Inhaltserschließung. Es kann generell festgehalten werden, dass beide nur in sehr bestimmten Anwendungsfällen ihr volles Potential ausschöpfen lassen. In den meisten Fällen bringen sie jeweils auch Nachteile bzw. für das Anwendungsszenario unpassende Einheiten mit sich. Aus diesem Grund sollte zunehmend auf eine Kombination beider Varianten ausgewichen werden, sodass die Vorteile beider Ansätze in vollem Maße ausgeschöpft werden können, indem eine wertvolle Symbiose entsteht: Nutzer erzeugen weiterhin Folksonomien. Die darin generierten Begriffe dienen als Grundlage für mächtige, stetig weiter entwickelbare Vokabulare, welche die Auffindbarkeit von Ressourcen optimal unterstützen (Guy & Tonkin, 2010). BRAUN ET AL. (2008, S. 166 ff.) Stellen zu diesem Zweck ein Ontologiereifungsprozessmodell vor, bei dem die zeitaufwändige Trennung von Entwicklung und Nutzung entfällt, da die Nutzer in die kollaborative Entwicklung zu jedem Zeitpunkt mit einbezogen sind.

Das in der vorliegenden Arbeit entwickelte, entscheidungsunterstützende Modell kann jedoch weiterhin einen Mehrwert für Entscheidungen über die Anwendung von Social Tagging oder semantischen Netzen zur Unternehmenskommunikation bieten, da es wichtige, zu beachtende Kriterien und deren Ausprägungen in den zu wählenden Varianten zusammenfasst. Aus der kritischen Betrachtung des Modells in Kapitel 4.3 lässt sich schlussfolgern, dass das Modell in aufbauenden Forschungsvorhaben zunächst mit weiteren Kriterien angereichert werden sollte. Zudem könnte es zu einem komplexen Entscheidungsbaum ausgebaut werden, sodass seine Anwendung in der Praxis vereinfacht wird und dem Ergebnis eine größere Bedeutung für die Gesamtentscheidung beigemessen werden kann. Eine solche Weiterentwicklung des vorgestellten Modells erscheint sinnvoll und ist wünschenswert.

LITERATUR

BRAUN, S., SCHMIDT, A., WALTER, A. & ZACHARIAS, V. (2008). Von Tags zu semantischen Beziehungen: kollaborative Ontologiereifung. In B. Gaiser, T. Hampel, S. Panke (Hrsg.), *Good tags – bad tags. Social Tagging in der Wissensorganisation* (S. 163 – 173). Medien in der Wissenschaft, Band 47. Münster: Waxmann.

CRESS, U. & HELD, C. (2008). Social Tagging aus kognitionspsychologischer Sicht. In B. Gaiser, T. Hampel, S. Panke (Hrsg.), *Good tags – bad tags. Social Tagging in der Wissensorganisation* (S. 37 – 49). Medien in der Wissenschaft, Band 47. Münster: Waxmann.

DERNTL, M., HAMPEL, T., MOTSCHNIG, R. & PITNER, T. (2008). Social Tagging und Inclusive Universal Access. In B. Gaiser, T. Hampel, S. Panke (Hrsg.), *Good tags – bad tags. Social Tagging in der Wissensorganisation* (S. 51 – 62). Medien in der Wissenschaft, Band 47. Münster: Waxmann.

FRANKFURTER ALLGEMEINE ZEITUNG (2002). *Reputation bestimmt Unternehmenswert mit.* 16.12.2002, S. 21.

GAISER, B. & PANKE, S. (2008). „With my head up in the clouds" – Social Tagging aus Nutzersicht. In B. Gaiser, T. Hampel, S. Panke (Hrsg.), *Good tags – bad tags. Social Tagging in der Wissensorganisation* (S. 23 – 35). Medien in der Wissenschaft, Band 47. Münster: Waxmann.

GOLDER S. A. & HUBERMAN, B. A. (2010). *The structure of collaborative tagging systems.* HP Labs Technical Report. http://www.hpl.hp.com/research/idl/papers/tags/tags.pdf [04.02.2010], 2006.

GUY, M. & TONKIN, E. (2010). *Folksonomies: Tidying up tags?* D-Lib Magazine Volume 12 Number 1. http://www.dlib.org/dlib/january06/guy/01guy.html [08.03.2010], 2006.

GÜNTNER, G., SINT, R. & WESTENTHALER, R. (2008). Ein Ansatz zur Unterstützung traditioneller Klassifikation durch Social Tagging. In B. Gaiser, T. Hampel, S. Panke (Hrsg.), *Good tags – bad tags. Social Tagging in der Wissensorganisation* (S. 187 – 199). Medien in der Wissenschaft, Band 47. Münster: Waxmann.

KNOWLEDGE-GARDEN GMBH (2010). *Ontologie-Modelle.* http://www.wissensgarten.com/wordpress/wp-content/uploads/ontologie_modelle.pdf [07.02.2010].

MATHES, A. (2010). *Folksonomies - Cooperative classification and communication through shared metadata.* Computer Mediated Communication. Graduate School of Library and Information Science. University of Illinois Urbana-Champaign. http://www.adammathes.com/academic/computer-mediated-communication/folksonomies.html [18.02.2010], December 2004.

MERTENS, P. (2003). Die Wirtschaftsinformatik auf dem Weg zur Unternehmensspitze – alte und neue Herausforderungen und Lösungsansätze. *Wirtschaftsinformatik* (1), 49 – 74.

PETERS, I. & STOCK, W. G. (2008). Folksonomies in der Wissensrepräsentation und Information Retrieval. *Information – Wissenschaft & Praxis,* 59 (2), 77-90.

PIEFEL, M. ET AL. (2010). *Metamodellierung.* Lehr- und Forschungseinheit Systemanalyse. Lehrstuhl System-analyse am Lehrstuhl Informatik der Humboldt Universität zu Berlin. http://casablanca.informatik.hu-berlin.de/wiki/index.php/Metamodellierung [07.02.2010], 2007.

SCHILLERWEIN, S. (2008) Der ‚Business Case' für die Nutzung von Social Tagging in Intranets und internen Informationssystemen. In B. Gaiser, T. Hampel, S. Panke (Hrsg.), *Good tags – bad tags. Social Tagging in der Wissensorganisation* (S. 141 – 152). Medien in der Wissenschaft, Band 47. Münster: Waxmann.

SCHOOP, E. (2008). *Informationstechnische Aspekte der Unternehmenskommunikation - Information 1: Vom Daten- über Dokumenten- zum (Web) Content Management.* Vorlesungsunterlagen zur Veranstaltung Unter-nehmenskommunikation. Technische Universität Dresden.

STUCKENSCHMIDT, H. (2009). *Ontologien. Konzepte, Technologien und Anwendungen.* 1. Aufl., Berlin: Sprin-ger.

www.ingramcontent.com/pod-product-compliance
Lightning Source LLC
La Vergne TN
LVHW042317060326
832902LV00009B/1542